SERMON D'INSTALLATION

PRÊCHÉ A BRIGHTON

DANS LA CHAPELLE DE L'ÉGLISE FRANÇAISE

PAR

C. PASCAL

PASTEUR

PARIS

LIBRAIRIE DE GRASSART

RUE DE LA PAIX, 3, OU RUE SAINT-ARNAUD, 4.

1863

Ce discours, prononcé à Brighton, dans la chapelle de l'Église protestante française, a été publié, à la demande des fidèles, par les soins du Comité de l'Église.

Il se vend au profit de l'Église française de Brighton.

« Nous faisons donc la fonction d'ambassadeurs
« pour Christ. » — « Car nous ne nous prêchons
« point nous-mêmes, mais nous prêchons Jésus-
« Christ le Seigneur. »

(II Cor. V, 20. — II Cor. IV, 5.)

MES FRÈRES,

Au moment d'entreprendre une œuvre aussi importante que celle du ministère évangélique, il est des questions qui, par leur nature, s'imposent aux méditations du pasteur. Il sent alors le besoin de se recueillir pour en chercher la solution dans l'étude de la parole de Dieu et dans la prière. Appelé à remplir au milieu de vous les fonctions pastorales, c'est aussi ce que j'ai éprouvé moi-même. Et parmi les questions que soulevait dans mon esprit ce moment solennel de ma vie, il en est deux surtout qui ont fixé mon attention, et fait l'objet de mes plus sérieuses pensées : Quel est le caractère du pasteur ? Quelle est la nature de son œuvre ? — Graves questions ! Suivant qu'on les sent et qu'on les résout un ministère sera couronné de succès ou frappé de stérilité. Vous ne serez donc pas étonnés, mes frères, qu'à cette heure, et dans une circonstance aussi redoutable pour ma faiblesse que douce à mon cœur, je vienne vous apporter le fruit de mes réflexions et de mes prières, et méditer encore ici avec vous sur cet important sujet. Aussi bien, quand, fidèles et pasteur, nous serons pénétrés de la grandeur et de la difficulté du saint ministère, nous nous sentirons plus particulièrement pressés de nous unir dans une commune prière, pour appeler sur celui qui vous parle cet esprit de Dieu qui du plus faible fait un des forts.

Et cette prière de toute une Église, O Éternel, tu l'entendras et l'exauceras selon ta promesse. Ainsi soit-il !

Pour n'avoir pas compris la nature du christianisme, on se fait généralement des idées fausses ou incomplètes sur le caractère du pasteur. Il en est deux extrêmes surtout qui sont très répandues parmi les gens du monde. Les uns ne voient dans le pasteur qu'un fonctionnaire public dont la mission est de moraliser, d'améliorer la société, d'opposer, par ses enseignements et son influence, une barrière à l'emportement des passions. Pour d'autres, au contraire, il n'est rien moins qu'un intermédiaire obligé entre Dieu et les simples croyants, qui doivent abdiquer entre ses mains la direction de leur conscience, se décharger sur lui du soin de leur salut et de toute responsabilité quant à leur âme.

Mais qu'en est-il en réalité du pasteur? — Par lui-même, il n'est qu'un homme comme tous les autres, je veux dire une créature faible, pécheresse, sujette aux mêmes infirmités spirituelles, partant sans autorité disciplinaire ou dogmatique. Comme tous les hommes, il a besoin du pardon de Dieu, du support et de la bienveillance de ses frères.

Mais considéré au point de vue de ses augustes fonctions, de sa mission, de son œuvre, le pasteur,

selon la noble expression de Paul, est un ambas-
sadeur pour Christ, qui ne relève que de Dieu,
remplissant auprès de ses frères une mission pro-
phétique, semblable à celle qu'il y a dix-huit siècles
Jésus lui-même est venu remplir sur la terre.

Le voici, l'envoyé du Roi des rois, du souverain
maître de la terre et des cieux ; il vient à nous por-
teur d'un message ; il témoigne de la volonté de
Dieu à notre égard, il l'expose avec fidélité sans
rien ajouter ni rien retrancher. Ce n'est pas sa
pensée qu'il nous donne, mais celle de Dieu, devant
laquelle autant que possible il s'efface lui-même.
Son message, toujours son message : ne lui deman-
dez rien de plus, il ne sait rien, il n'est rien en dehors
de cela. Mais aussi de quelle majesté n'en est-il pas
revêtu ! de quelle autorité n'en est-il pas investi !
autorité et majesté qu'il emprunte, il est vrai, à
l'objet et à la fidélité de sa prédication, mais qui
n'en persistent pas moins, et devant lesquelles nous
nous devons incliner.

Oubliez le prédicateur, n'entendez que son message ! Que sa personne s'efface devant son caractère ! Ce n'est ici qu'une voix, mais la voix de Dieu !
Ce n'est ici qu'un homme, mais un homme envoyé
de Dieu : « qui le reçoit, reçoit Christ ; qui le rejette, rejette Christ et Dieu qui l'a envoyé ! » [1]

Quel est donc ce message, source de l'autorité
du pasteur, à condition toutefois qu'il l'expose avec
une entière fidélité ? Saint Paul le résume admi-

____

(1) Mat. X, 40. — 1 Thess. IV, 8.

rablement en deux mots : prêcher Christ! « Nous ne nous prêchons point nous-mêmes, dit-il, mais nous prêchons Jésus-Christ, le Seigneur. »

Voilà, mes frères, l'objet permanent, le fond invariable de la prédication du pasteur ; la source où il puisera ses enseignements et la vivante unité à laquelle il les ramènera tous. Ce n'est ni un système, ni une doctrine, ni une morale, mais une personnalité qu'il a mission de prêcher et en dehors de laquelle sa prédication ne saurait demeurer chrétienne. Car ne vous y trompez pas, mes frères, c'est ici le caractère propre, vraiment unique et distinctif du ministère évangélique. Tandis que les disciples des philosophes et les sectateurs de n'importe quelle religion ont toujours distingué entre la personne et l'objet de l'enseignement de leurs docteurs ou de leurs prophètes, tandis qu'ils ne les ont considérés que comme des porteurs de la vérité, et non comme la vérité elle-même, les ministres du Christ, au contraire, identifient l'enseignement et la personne de leur Maître ; ou mieux, ils font, comme leur Maître lui-même, de sa personne l'unique objet de leur enseignement.

Mais quel est le Christ que doit prêcher le pasteur ? — Cette question vous étonne, mes frères, et cependant elle s'impose à nous. Hélas ! ne le savez-vous pas, il est un Christ façonné par les hommes et à leur image, rabaissé au niveau, que dis-je ? mis au-dessous de leur faible raison. Ne pouvant comprendre le Christ des Évangiles et l'accepter tel qu'il est, ils l'ont, peut-être sans en avoir une conscience claire, dégradé, avili. Tour à tour, ils l'ont dépouillé de sa toute-puissance, de sa sainteté immaculée, de son éternité, de sa divinité, en un mot, pour ne voir en lui qu'un philosophe, le plus grand, il est vrai ; qu'un sage, le plus sage, je le reconnais ; qu'un modèle, le plus sublime, oui, mais enfin qu'un philosophe, qu'un sage, qu'un modèle ! Or, disons-le hautement et sans équivoque, ce n'est pas là le Christ des Écritures, le Christ vrai, authentique, vivant, mais je ne sais quel produit d'un jugement infidèle, d'une raison présomptueuse et d'un cœur rebelle ! Ce Christ, nous ne le connaissons pas ! Ce n'est pas lui qui nous envoie ; lui que nous prêchons ; lui de qui nous tenons notre autorité, car il est lui-même sans autorité parce qu'il est sans réalité !

Le Christ que prêche l'apôtre Paul et que doivent aussi annoncer, pour être fidèles, les ministres de l'Évangile, c'est le Christ des Écritures, non celui de la raison ; le Christ historique, non le Christ imaginaire ; le Christ vivant aux siècles des siècles, non celui qui demeure à jamais dans le tombeau ; le Christ de Dieu, en un mot, non le Christ de l'homme !

« Nous prêchons Christ ! » c'est-à-dire, cette Parole de Dieu éternelle et incarnée à laquelle la parole parlée et la parole écrite, la loi, les prophètes et les apôtres rendent un constant et parfait témoignage. (1)

(1) Jean I, 1, 14.

« Nous prêchons Christ ! » c'est-à-dire, celui qui seul satisfait pleinement à ces trois termes de toute religion : Dieu, l'homme et leurs rapports. N'est-il pas, en effet, tout ensemble : « Dieu sur toute chose béni éternellement ; notre frère en tout semblable à nous, sauf le péché, « le seul médiateur entre Dieu et les hommes ? » [1]

« Nous prêchons Christ ! » c'est-à-dire « le seul nom qui ait été donné aux hommes pour être sauvés ; » celui qui a reconcilié dans sa mystérieuse personne la divinité et l'humanité ; scellé du plus pur de son sang l'alliance du Créateur et de sa créature, et assuré ainsi aux pécheurs le salut et la vie éternelle ! [2]

« Nous prêchons Christ ! » c'est-à-dire le principe de toute vie religieuse : « Christ est ma vie, » dit Paul ; « hors de moi vous ne pouvez rien produire, » dit Jésus. [3]

Nous prêchons Christ ! l'intercesseur, l'avocat auprès du Père ; [4] Christ, l'espérance qui ne confond point ; Christ, la suprême félicité des saints glorifiés et des esprits bienheureux dans les demeures éternelles ; Christ, « le chemin, la vérité, la vie ; » [5] « celui qui nous a été fait, de la part de Dieu, sagesse, justice, sanctification et rédemption ; » [6] « Christ, tout en tous ! » [7]

[1] Rom. IX, 5. — Héb. IV, 15, — I Tim. II, 5.
[2] Act. IV, 12. — II Cor. V, 19.
[3] Jean XV, 5.
[4] Jean XIV, 16. — I Jean II, 1.
[5] Jean VIII, 12 ; XIV, 6 ; X, 7.
[6] I Cor. I, 30.
[7] Col. III, 11.

Voilà le pain de vie, l'éternel aliment que le pasteur est appelé à dispenser. Au riche et au pauvre, au jeune et au vieux, à l'incrédule et au croyant, au savant et à l'ignorant; dans la joie et dans la tristesse, dans la santé et la maladie, pendant la vie et sur le lit de mort, en temps et hors de temps, dans toutes les positions, sous tous les cieux, à tous, partout et toujours, Christ, Christ encore et toujours Christ!

C'est aussi, mes frères, de la personne du Sauveur que je veux faire au milieu de vous l'objet constant de ma prédication. Vous placer tous en sa présence; vous le faire contempler, aimer, désirer ; monter dans cette chaire, venir dans vos demeures avec Jésus sur les lèvres et dans le cœur; l'humilité, la douceur, le renoncement, la charité, la sainteté, la vérité, vous montrer toutes les vertus chrétiennes incarnées et vivantes en sa divine personne ; vous apprendre à chercher en lui seul le pardon, la paix, la consolation, la force, l'espérance et la vie éternelle; vous présenter mon Maître tout entier, à la fois prophète, sacrificateur et roi, modèle, Sauveur, médiateur et juge suprême; ne poser d'autre fondement que celui qui a été posé, savoir Jésus-Christ; vous prêcher Christ! tel est mon devoir et mon privilége, mon message et mon autorité, mon ardent désir et ma ferme résolution! Cela me suffit pleinement, et, comme saint Paul, « je ne veux savoir autre chose que Christ et Christ crucifié! » [1]

______

[1] I Cor. II, 2.

Si c'est une folie pour les uns, un scandale pour les autres, pour tous ceux qui périssent, c'est aussi et néanmoins la puissance de Dieu, seule capable de régénérer et de sauver. Amenez-moi le pécheur le plus bas tombé, le cœur le plus dur, le criminel le plus avili, cet homme qui semble n'avoir plus rien conservé, pas un seul trait de cette image divine gravée dans nos cœurs ; donnez-le moi tel qu'il est, je veux le toucher ; je veux l'émouvoir. Et s'il ne suffit pas pour cela de la sublimité des paroles de Jésus et de la sainteté de sa vie, j'ai mieux encore : le spectacle de son immense amour !

Voici le jardin des Oliviers, où commence, pour se terminer sur la croix, la longue agonie de Jésus. La nuit est sombre, plus sombre encore est l'âme du Sauveur. Une tristesse mortelle descend comme un nuage de plomb sur l'homme de douleur. Il en est accablé. Il s'affaisse sous ce poids maudit, et j'entends les sanglots de sa voix dans le silence de la nuit. Des larmes de ses yeux, des sanglantes sueurs de son front, il baigne le sol vers lequel sa tête est penchée. Seul et sans soutien ! Il n'est plus lui-même, et semble avoir perdu toute sa puissance !

Voici le prétoire avec l'ignominie. La couronne d'épines déchire le front de Jésus. Un vieux manteau d'écarlate couvre ses épaules. Un roseau est placé dans sa main. Venez le contempler maintenant ! Si cette vue excite l'hilarité d'une soldatesque brutale, si la moquerie et l'insulte s'échappent de la bouche des bourreaux de Jésus, ah ! c'est que non-seulement ils ne sont plus des hommes à cette heure, mais c'est aussi qu'ils ignorent que Jésus souffre tout cela pour eux! Mais toi, qui le sais, ô pécheur indifférent, ne frémiras-tu pas de douleur? ton cœur ne se brisera-t-il pas? n'approcheras-tu pas tes lèvres pour baiser ce front auguste ensanglanté pour toi? ne tomberas-tu pas à genoux aux pieds de celui qu'on insulte, et ton cœur ne lui appartiendra-t-il pas pour toujours?

Mais si cela ne suffit pas encore, viens, suis cette vile populace qui se presse vers le calvaire. Entends ses blasphèmes et ses cris de haine. Regarde comme elle : une croix se dresse sur Golgotha. Jésus est là suspendu, cloué entre deux brigands. Mort ignominieuse, lente, douloureuse, supplice raffiné. Ce n'est pas encore assez, le calice de l'épreuve n'est pas là tout entier : il reste la lie amère, c'est l'abandon; c'est la malédiction de la justice divine; c'est la mort d'une âme; c'est ce cri mystérieux dont les anges eux-mêmes ne pourront jamais comprendre toute la douloureuse signification : « Mon Dieu, mon Dieu, pourquoi m'as-tu abandonné! »

Pourquoi? pourquoi? — Ah! ne le savez-vous pas, mes frères? Pour vous sauver, vous, vous-mêmes, et vous soustraire à cette malédiction, à cet abandon de Dieu!

Gethsémané, le prétoire, Golgotha, la croix, drame terrible et mystérieux de mon salut!... la nature elle-même en fut épouvantée, et le cœur n'en serait pas touché? — Oui, mes frères, aussi prêchons-nous Christ!

Après avoir exposé la tâche du pasteur, est-il nécessaire de vous en montrer la difficulté et la responsabilité? Chrétiens, votre propre expérience ne vous fait-elle pas pressentir combien il nous sera difficile de mettre notre vie de tous les jours, sentiments, pensées, paroles et actions, en parfaite harmonie avec notre prédication? Vous le savez, « nous portons le trésor divin dans un vase d'argile. » Ambassadeurs sans courage, ne ferons-nous jamais mépriser notre Maître? En passant par nos lèvres, le message divin ne perdra-t-il pas de sa vertu? Notre parole saura-t-elle à la fois éclairer votre intelligence, toucher votre cœur, décider votre volonté? Unir, dans notre enseignement l'onction à la force; dans notre ministère le zèle à la prudence; vous consoler quand nous serons peut-être dans la douleur; vous fortifier alors que nous serons accablé; vous exhorter quand notre zèle sera refroidi; dans toutes les circonstances enfin, et quel que soit l'état de notre âme, nous faire tout à tous : quelle tâche! mon Dieu, quelle tâche! Ah! si le grand apôtre des Gentils, avec son vaste savoir, son zèle infatigable, sa foi profonde et les dons miraculeux de son apostolat, si saint Paul s'écriait en considérant l'œuvre du ministère : « Qui est suffisant pour ces choses? »[1] ne comprenez-vous pas que la faiblesse de ma foi, mon peu de connaissance, mon inexpérience et ma jeunesse soient effrayés de la difficulté et de la responsabilité qui m'incombent?

____

(1) II Cor. II, 16.

Mais non, je ne veux pas perdre courage! « Quand je suis faible, c'est alors que je suis fort, » « je puis tout par Christ qui me fortifie. » [1] Oui, difficile est ma tâche, lourde en est la responsabilité, faible mon courage, nulles mes forces et mes connaissances, mais tu es tout-puissant, ô mon Sauveur, et c'est en toi que j'ai ma confiance!

Est-ce une illusion? mes frères. Ah! si cela est, laissez, laissez-la moi! elle m'est douce, nécessaire, indispensable toujours! Mais il me semble que Dieu bénira mes faibles efforts; que la semence féconde que je viens répandre dans ce champ de travail, lèvera et produira du fruit. Il me semble, ô mon frère encore inconverti, que tu accepteras le salut gratuit que je t'offre en Jésus-Christ; chrétien, que tu te sanctifieras de plus en plus; affligé, que tu seras consolé; faible, que tu seras rendu fort; que tous vous contribuerez à l'édification de notre Église, dont la foi et la charité rappelleront bientôt ces Églises vivantes, qu'en des temps de persécution, nos pères, chassés de leur patrie inhospitalière, vinrent fonder sur la terre étrangère, sur cette terre même.

Mais pour qu'il en soit ainsi, après l'esprit de Christ, ce qu'il nous faut encore, c'est votre sympathie, vos prières, votre concours. Si vous avez quelque amour pour le Maître, quelque zèle pour sa cause, si vous portez quelque intérêt à ce petit troupeau et au succès de notre œuvre, mes frères,

____

(1) Philip. IV, 13.

« recevez-nous ! » Nous ne sommes venu que pour votre bien ! Une place dans vos cœurs, petite, si vous le voulez, mais assurée, donnée pour toujours ! Sympathie ! pour porter avec nous le poids du ministère ; Sympathie ! pour nos découragements ; Sympathie ! pour supporter nos misères et user d'indulgence à notre égard. D'ailleurs, nous ne demandons en ceci rien que nous ne vous ayons déjà accordé nous-même. « Notre cœur s'est élargi pour vous recevoir » et vous y avez une grande place à côté de celle de la chère Eglise que nous venons de quitter, et qui a eu les prémices de notre ministère. Ardeur, espérance, santé, force, affection, dons naturels ou acquis, nous nous donnons à vous tout entier, car nous nous sommes donné à Christ pour le temps et pour l'éternité !

A votre sympathie, mes frères, joignez vos prières. Quand vous ployez les genoux, un mot pour votre pasteur qui en a tant besoin. Le secours de vos prières, dans ces moments de doute où sa foi, battue comme un vaisseau par la tempête, semble prête à sombrer dans les abîmes du doute. La force de vos prières, dans ces heures, hélas ! si nombreuses de découragement où notre âme s'écrie avec le prophète : « Eternel, c'est assez ! » Vos prières, quand le cœur gros de larmes, nous montons, comme par contrainte, les degrés de la chaire. Vos prières quand il nous faut prêcher, et que nous préférerions le silence à cause de l'état de notre âme.

Mais ce n'est pas encore assez, souffrez, mes frères, notre importunité. Aussi bien ne s'agit-il pas ici de notre personne, mais du succès de notre ministère et de la gloire de Christ. Nous demandons encore la puissance de votre concours qui décuplera nos forces. Travaillez avec nous pour notre commun Maître. Visitez, avertissez, encouragez, consolez avec nous et mieux que nous. Que le ministère de votre pasteur soit la résultante des efforts de chacun, comme aussi des siens propres, et de la puissance de Christ. Soyez avec nous, soutenez-nous, aidez-nous, nous serons forts, encouragés, bénis dans notre ministère, au front duquel le Maître posera la couronne du succès chrétien.

Mes frères, Israël combattait un jour dans les plaines de Réphidim, contre les Amalécites. L'ennemi était supérieur en nombre et en force, et Israël semblait devoir être bientôt accablé, Moïse alors, du sommet de la colline qui dominait le champ de bataille, eut recours au Dieu des armées. Et voici, quand ses mains suppliantes s'élevaient vers le ciel, Israël, rempli d'une force mystérieuse refoulait les ennemis étonnés. Mais si les bras fatigués de Moïse retombaient à ses côtés, alors, au contraire, Amaleck était le plus fort. Le grand serviteur de Dieu élevait encore les mains; mais déjà elles étaient devenues pesantes, et, trompant l'ardent désir de son cœur, sa force ne suffisait plus pour les maintenir élevées. Et cependant le combat acharné se poursuivait au pied de la montagne, et Israël succombait, succombait encore. On vit alors, mes frères, Hur et Aaron, après avoir fait asseoir Moïse, prendre chacun l'une de ses mains, et, l'un de ça, l'autre de là, les maintenir élevées vers le ciel jusqu'à ce qu'enfin les Israëlites, victorieux, s'élancèrent à la poursuite dè l'ennemi qui fuyait dans la plaine.

Mes chers auditeurs, l'Israël spirituel, l'Eglise militante combat maintenant sur cette terre contre les puissances de l'enfer : l'erreur, la corruption et l'incrédulité. Les pasteurs, envoyés que Dieu place à la tête de l'Eglise, sont les Moïse qui doivent élever sans cesse leurs bras vers le ciel. Mais, hélas long est le combat, grande leur faiblesse, et s'il ne se trouve pas auprès d'eux des Aaron et des Hur pour soutenir leurs mains défaillantes, Israël succombera sous l'attaque. Donc, il nous faut des Aaron et des Hur, nos seules forces étant insuffisantes. C'est à vous tous, mes bien-aimés frères, à vous tous sans exception, d'être ces soutiens indispensables de notre ministère. Que personne ne rejette cette tâche que le Seigneur lui-même lui impose. Pas de résistance ! pas de lâcheté ! pas d'indifférence ! A l'œuvre, à l'œuvre tous ! c'est pour la gloire de Dieu, le salut des âmes immortelles et la prospérité de nôtre Église ! Amen.

Typographie de Ch. Maréchal, rue Fontaine au-Roi, 18.